OPHTALMOSCOPTOMÈTRE

A

MICROMÈTRE

DU

Dr C.-J.-A. LEROY

MÉDECIN-MAJOR AU 1er RÉGIMENT D'INFANTERIE (CAMBRAI)

LICENCIÉ ÈS SCIENCES PHYSIQUES, LAURÉAT DE L'INSTITUT

CONSTRUIT PAR

ÉDOUARD LUTZ

INGÉNIEUR-OPTICIEN, OFFICIER D'ACADÉMIE

65, Boulevard Saint-Germain, 65

FOURNISSEUR DES FACULTÉS DES SCIENCES, DE MÉDECINE,

DU MINISTÈRE DE L'INSTRUCTION PUBLIQUE

ET DES UNIVERSITÉS FRANÇAISES ET ÉTRANGÈRES

—⟨⟩—

20 Médailles d'or — 10 Diplômes d'honneur

PARIS

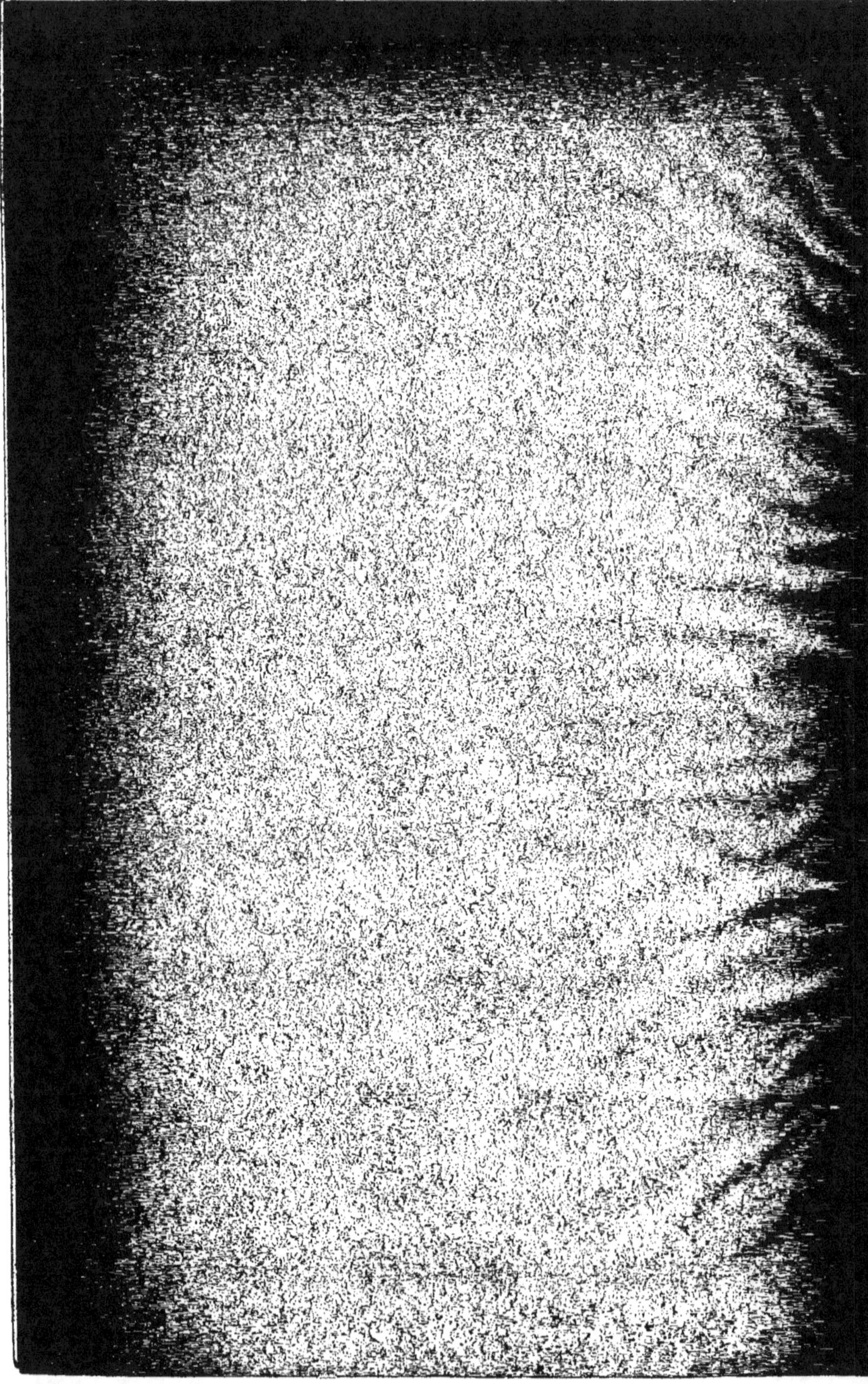

OPHTALMOSCOPTOMÈTRE A MICROMÈTRE

DU

DR C.-J.-A. LEROY

MÉDECIN-MAJOR AU 1er RÉGIMENT D'INFANTERIE (CAMBRAI)
LICENCIÉ ÈS SCIENCES PHYSIQUES
LAURÉAT DE L'INSTITUT

DESCRIPTION SOMMAIRE ET PROPRIÉTÉS

Cet instrument réunit sous les dimensions d'un ophtalmoscope ordinaire les propriétés d'un ophtalmoscope à réfraction d'un optomètre objectif et subjectif, et il permet en outre de mesurer objectivement les éléments du fond de l'œil vivant, visibles à l'ophtalmoscope.

Il se compose essentiellement de deux parties :

A. Un ophtalmoscope à réfraction muni de trois miroirs interchangeables, un concave ordinaire, un concave à court foyer incliné à 45°, et un plan.

B. La seconde partie, la partie originale de l'ophtalmoscoptomètre, consiste dans un oculaire positif au foyer principal duquel est placé un micromètre au 1/10° de millimètre, photographié sur verre.

Cet oculaire, représenté en place dans la figure 1, et, à part, dans la figure 2 est muni d'un prisme à réflexion totale de 45°, disposé de manière à renvoyer l'image du micromètre dans la direction de l'axe optique de l'ophtalmoscope ou ligne visuelle de l'observateur.

Une vis, à bouton large, commande le déplacement du tube contenant le micromètre et portant le prisme, de manière à amener l'arête de ce dernier vers le milieu du champ pupillaire de l'observateur. Alors l'œil de ce dernier reçoit simultanément des rayons du micromètre et du fond de l'œil observé dont les images se superposent sur sa rétine.

Les propriétés et le fonctionnement de l'instrument sont dès lors faciles à concevoir.

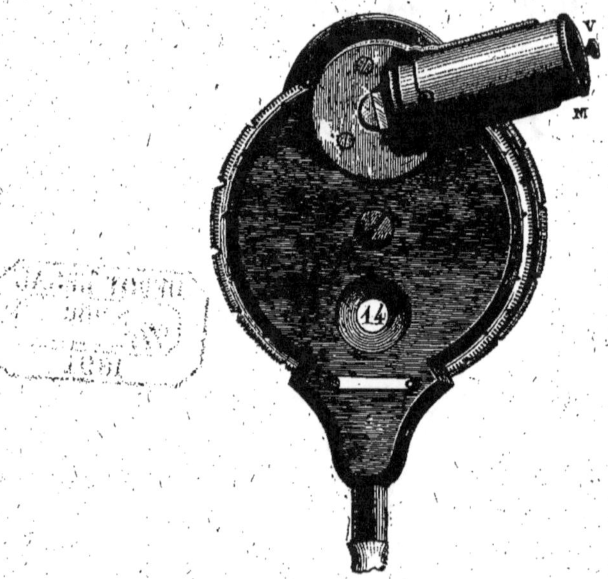

Fig. 1. — Vue d'ensemble par la face tournée du côté de l'observateur.
M. Molleté par lequel on oriente le micromètre.
V. Vis commandant le déplacement du tube oculaire.

1. — Si l'oculaire est enlevé, on a un ophtalmoscope à réfraction.

Fig. 2. — Tube micromètre montrant ses moyens d'attache.
P. Prisme.
G. Queue d'aronde.
V et M. comme ci-dessus.

2. — L'oculaire étant en place et le prisme orienté comme dans la fig. 1 (des goupilles d'arrêt repèrent cette position), si l'observateur, tenant son attention fixée sur le micromètre, amène le verre qui lui permet de voir en même temps (et non successivement) l'image nette du fond de l'œil, ce verre représente l'amétropie du sujet, puisque ce verre reporte l'image nette du fond de l'œil à la même distance que celle du micromètre, c'est-à-dire à l'infini.

Si, pendant cet examen, l'observateur venait à accommoder, et ce fait si fréquent est, comme on sait, l'écueil du procédé de

Fig. 3. — Pièce tournant autour de l'ophtalmoscope et entraînant le tube micrométrique et le miroir de la fig. 4, incliné à 45°.
Remarque. — Quand on fait tourner le micromètre avoir soin de le maintenir complètement enfoncé, sinon on changerait la mise au point du micromètre.

mesure à l'image droite, il en serait aussitôt averti par le trouble survenant dans l'image du micromètre. Il lui suffirait alors de ramener son attention cette sur dernière pour remettre son accommodation au repos.

Cette propriété de *rendre impossibles les erreurs dues au jeu de l'accommodation de l'observateur* est une des propriétés capitales de ces instrument; elle réalise le but que je m'étais proposé tout d'abord de créer un *optomètre objectif*.

Fig. 4. — Miroir à court foyer à 45°.

3. — Si l'on fait tourner le prisme de 180° de manière que les rayons du micromètre soient renvoyés du côté du sujet, le verre qui permettra à ce dernier de voir nettement le micromètre dans les conditions connues, sera le verre correcteur de son amétropie.

Dans ce cas, l'instrument fonctionne comme *optomètre sub-*

jectif, et peut remplacer les lunettes optométriques et les boîtes d'essai. Rien n'empêche d'ailleurs de compléter la similitude en substituant au micromètre, une échelle typographique type, photographiée à la réduction convenable.

4. — Une dernière propriété, la plus intéressante peut-être, consiste dans la faculté de *mesurer les éléments visibles du fond de l'œil*.

Après avoir orienté le micromètre dans le sens convenable en le faisant tourner dans sa monture, où il est engagé à frottement doux, il suffit de lire le nombre de divisions qui recouvrent la dimension cherchée pour en avoir la mesure. Ainsi, on pourra mesurer le calibre des vaisseaux, le diamètre papillaire, les dimensions d'un staphylôme, d'une tache hémorragique, d'un exsudat, d'une lésion choroïdienne, etc.; noter avec exactitude des variations de ces dimensions produites par l'expérience ou le traitement; comparer avec certitude les progrès d'un processus à des époques aussi éloignées qu'on voudra, etc.

Il serait superflu d'insister davantage sur les conséquences évidentes d'ailleurs de ce perfectionnement apporté dans nos moyens d'investigation, au point de vue des recherches du laboratoire (1), de la clinique et même des besoins de la pratique ophtalmologique.

Ce perfectionnement peut se définir ainsi : L'ophtalmoscope, de simple instrument d'examen, est devenu un instrument de mesure; de même que l'oculaire à micromètre est le compas des micrographes, de même, le micromètre de l'ophtalmoscoptomètre sera le compas de l'ophtalmologiste.

COMPOSITION OPTIQUE

Les applications multiples de l'ophtalmoscoptomètre nous ont conduit à le munir d'une série de verres aussi complète que possible. Ils sont répartis sur deux disques fixés à la monture par une vis axiale; on peut donc retirer les disques pour nettoyer les verres.

(1) Cette propriété d'être, au point de vue physiologique, un instrument d'investigations nouveau, nous a valu les encouragements et le concours actif du *Laboratoire de physiologie de la Faculté des sciences de Lyon*, dirigé par M. le Pr R. Dubois.

Le disque qui fait face à l'observateur porte les verres sphériques

$$0+1+2+3+4+5+6+14$$

et le disque opposé les sphériques

$$0-0,5-7+7$$

puis des cylindriques à axe transversal

$$-0,5-1-1,5-2-2,5-3-3,5-4-5$$

et enfin un verre rouge et un verre bleu.

Le n° du verre amené par un disque se lit dans une fenêtre pratiquée dans la monture du même côté que ce disque.

Par la combinaison la plus simple des verres des deux disques, on a donc à sa disposition la série complète, par demi-dioptries, des verres de la boîte d'essai jusqu'à — 6,5 d'une part et jusqu'à +6 de l'autre; puis la série se continue par dioptries entières jusqu'à +14; enfin on a encore — 14,5 et +21.

Les verres colorés seront utilisés dans l'examen du strabisme.

La *longueur focale du micromètre* est d'environ 15 millimètres ou d'environ la longueur focale de l'œil physiologique. Si la première de ces grandeurs était exactement égale à la seconde, chaque division du micromètre couvrirait sur la rétine un élément dont la dimension serait réellement égale à une division du micromètre ou $0^{mm},1$. Mais, en admettant que la longueur focale de l'œil soit bien connue, elle n'est pas invariable d'un œil à l'autre; d'autre part, la longueur focale du micromètre peut varier aussi d'un instrument à l'autre. Ces différences n'ont aucune importance tant qu'on se bornera à noter des variations de grandeurs d'éléments du fond de l'œil, ce qui sera le cas de beaucoup le plus fréquent dans la pratique.

Mais il peut se faire qu'on désire connaître la grandeur réelle de l'élément mesuré. Dans ce cas, il sera bon que l'opérateur mesure lui-même la longueur focale de l'instrument qu'il utilise, au moyen de l'opération suivante.

En se servant de l'instrument comme pour l'examen de l'œil, on voit l'image du micromètre se peindre sur les objets éloignés. Choisissant un objet de grandeur connue L placée à une distance connue, 5 mètres par exemple, il suffit de compter le nombre m des divisions du micromètre qui recouvrent cette grandeur. L étant exprimé en millimètres, 5 mètres valant 5,000 millimètres, on a

$$F = \frac{5.000 \times 0,1\, m}{L} = \frac{500\, m}{L} \tag{1}$$

Si maintenant φ désigne la longueur focale principale postérieure de l'œil, chaque division du micromètre vaudra sur la rétine une certaine grandeur δ, dont la valeur est en millimètres

$$\delta = \frac{0,1}{F} \tag{2}$$

On aura donc, en remplaçant F par sa valeur :

$$\delta = \frac{L\,\varphi}{5.000\, m}$$

Soit $= 14,858$ (Helmholtz, *Opt. Phys.*, p. 154, 1887.

$$\delta = 0^{mm},002972 \frac{L}{m} \tag{3}$$

Les relations 1 et 2 fournissent immédiatement une application physiologique intéressante. Supposons qu'il se présente dans une clinique un œil à énucléer, à milieux transparents, de manière qu'on puisse au préalable mesurer à l'ophtalmoscoptomètre la grandeur d'un élément facile à mesurer exactement après l'ablation.

Sa grandeur mesurée sur le vif étant $k\,\varphi$, k nombre de divisions lues, on aura

$$k\delta = \frac{k \times 0,1 \times \varphi}{F} = G$$

G grandeur mesurée après l'ablation, on en déduira

$$\varphi = \frac{G\,F}{k \times 0,1} \tag{4}$$

Voilà donc un moyen très simple de mesurer φ; si d'ailleurs l'œil énucléé était normal au point de vue de la structure de ses milieux optiques et de sa grandeur, on aura mesuré la longueur focale postérieure de l'œil normal par un procédé infiniment plus commode que celui qui est fondé sur les mesures ophtalmométriques.

Une clinique riche en matériaux d'étude, comme celle de mon éminent maître M. le Pr Gayet de Lyon, pourrait très aisément et en très peu de temps effectuer un certain nombre de ces mensurations dont le résultat offrirait un très grand intérêt.

Eclairage. — Le petit miroir à court foyer étant incliné à environ 45°, la flamme de la lampe sera placée à la hauteur de l'œil et dans la direction transversale.

De même que pour la chambre claire du microscope, il faut un certain équilibre entre l'éclairage du fond de l'œil et celui du micromètre. En fait, bien que le fond du micromètre soit noir, cependant il l'emporte sur l'éclairage du fond de l'œil, au point que son image efface l'impression de l'autre. C'est pour atténuer cet inconvénient que le fond a été recouvert de papier noir, à l'exception de la bande utile du micromètre.

S'il arrivait que, dans les préliminaires de l'observation, lorsqu'on cherche la région voulue du fond de l'œil, l'image du micromètre fût gênante, on pourrait l'éliminer en obturant momentanément l'orifice externe du tube avec la pulpe de l'index.

Enfin, en déplaçant le prisme dans un sens ou dans l'autre au moyen de la vis, on peut toujours accroître l'intensité relative de l'une des images au détriment de l'éclairage de l'autre, et par suite réaliser l'équilibre voulu.

Il peut encore arriver que la zone éclairée ne coïncide pas avec l'image micrométrique; la coïncidence s'obtiendrait alors par un simple déplacement de la lampe.

Extrait du Catalogue de la Maison Lütz

Ophtalmoscoptomètre à micromètre du Dr Leroy.. **150** francs

Ophtalmomètres de MM. Leroy et R. Dubois :

    Modèle d'étude....:........................ **200** francs

    Grand modèle............................ **250** —

Paris. — Imp. A. Lanier et ses Fils, 14, rue Séguier.

Paris. — Imp. A. Lanier et ses Fils, 14, rue Séguier

102